하나님이 디자인하신 교회로 가기

하나님이 디자인하신 교회로 가기

셀 교회의 과정

폴 조 편저
MIC 대표

국제선교위원회
Mission Interantional Commuittee

CONTENTS

서론 : 왜 셀 교회인가?

1. 목회의 문제점

1) 성품

2) 미숙한 교인

3) 목회에서의 갈등

2. 셀 교회의 역사

1) 구약의 셀

2) 신약의 셀

3) 구약과 한국교회의 부흥

4) 랄프 네이버의 Touch Cell

5) G-12

3. 성경적 대안

01 셀이란 무엇인가?

1. 셀이란
2. 셀의 필요성
3. 셀의 구성

1. 셀이란 무엇인가?

DEFINITION

그리스도의 기초 공동체임과 동시에 교회의 기초 구성단위로 호칭되는 셀은 5-15명의 성도들로 구성된 교회 속의 소그룹으로 예배, 교제, 기도, 전도, 양육, 봉사 등의 기능을 수행하며, 영적인 가족 공동체로서의 경험이 가능하도록, 성령을 중심으로 구성원 상호간에 영적인 삶을 위한 상호 의존 관계를 맺는 소그룹이다.

2. 셀의 필요성

1) 21세기에 대한 이해: 교회에의 도전

- 지금은 위대한 추수의 때인가? 처참한 몰락의 때인가?

- 인구 폭발: 셀은 마지막 때의 엄청난 추수를 위한 하나님의 준비시키심이다(마태 9:37-38, 행전 2:46, 행전 20:20).

2) 셀 전략의 채택 이유

(1) 하나님이 디자인하신 교회의 모습

(2) 21세기의 인간의 욕구 충족을 통한 복음 전파

(3) 현대인들의 신앙적인 욕구: 조지 바나

- 삶의 질

- 관계성의 추구

- 자존감의 추구

- 삶의 방향성

• 신앙의 적용

3) 셀 전략의 채택 이유

• 셀은 성경적이다.

• 셀을 통하여 실제적이고 설명 가능한 성장을 가져온다.

• 셀 안에서 성령께서 표적과 기사로써 일할 수 있게 한다.

• 셀 모임 안에서 전 교인이 사역에 동참할 수 있게 한다.

• 조직적인 방법으로 지도자를 개발함으로써 지도자를 신속히 배가할 수 있다.

• 셀 모임 안에서 영적 가치의 교환이 이루어진다.

• 셀 모임을 통하여 제자화가 'Body Life'라는 개념 안에서 이루어진다.

• 공동체 전도를 통하여 교회가 세상으로 나아가는 통로가 된다.

3. 셀의 구성

1) 셀 회원의 구성

(1) 영적 구성 : 요한1서 2장12-14

(2) 관계적 구성

• 후원자

• 피후원자

(3) 기능적 구성

• 셀리더

• 예비리더

• 영접인

• 어린이 담당

• 서기

• 회계

• 찬양인도자

셀의 운용 02

1. 셀의 목적
2. 셀의 가치관
3. 셀 생활의 본질
4. 셀의 기능
5. 셀의 목적

1. 셀의 목적

1) 내부 지향적인 목적 (edification)

2) 외부 지향적인 목적 (evangelism)

2. 셀의 가치관

1) 예수(주님이신 그리스도)

2) 모든 회원의 사역자임을 인식(만인제사장설)

3) 모든 회원은 영적으로 성장하여야 한다.

4) 희생적인 사랑의 실천

5) 셀을 통한 배가

6) 공동체

7) 진리

3. 셀 생활의 본질

1) 중심이신 그리스도

2) 공동체

3) 양육(막 10:13)

4) 상호책임(요 14:16)

5) 지도력(섬김의 지도력)

6) 복음전파(방향성)

4. 셀의 기능

1) 교제

2) 지도자 개발

3) 전도

4) 돌봄과 양육

5) 성경공부

6) 봉사와 섬김

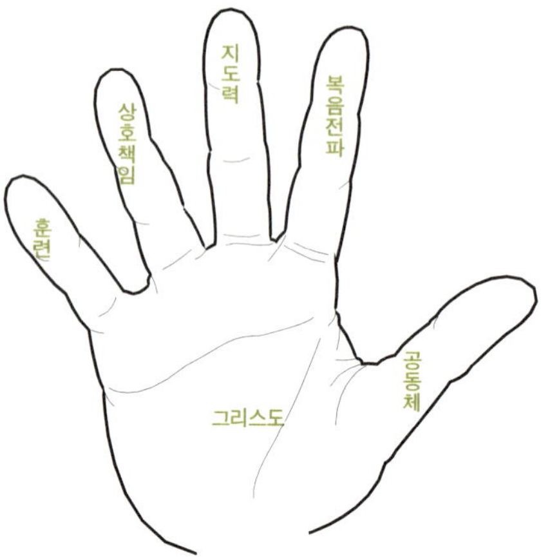

5. 셀의 목적

1) 단계별 역동성

단계	그룹 역동성 (거시적 수준)	초점의 변화
탐색	역사 제공: 서로 알기	그룹에 대하여: "나는 이 그룹에 속해 있나?"
전환	확인: 갈등 해결	자기 자신에 대하여: "셀이 나를 위해서 무엇을 할 수 있나?"
공동체	목표 설정: 공동체	그리스도와 셀에 대하여: "내가 셀을 위하여 무엇을 할 수 있나?"
전도	전도	잃어버린 자에 대하여: "셀이 잃어버린 자들을 위하여 무엇을 할 수 있나?"
성장 (분가)	성장 (분가)	성장에 대하여: "셀은 성장을 위하여 무엇을 해야 하나?"

2) 각 단계에 필요한 전략들

✚ 탐색단계

- 관계가 형성되기까지 약 3주의 시간이 소요된다.
- 첫모임은 서로 안면을 익히는데 사용하라.

- 두번째 모임은 관계를 강화하는데 사용하라.
- 모든 모임들에서 분위기 조성을 위해 적어도 10분 이상을 할애하라. 모든 셀 구성원들이 다 도착한 후에 분위기 조성 시간을 시작하라. 그리고 분위기 조성 시간은 되도록 모든 셀 구성원이 다 참여 할 수 있는 것을 택하라.
- 분위기 조성 시간은 서로를 알게 하며, 서로를 확인하는 것이 가능한 것을 택하라.
- 서로 친해지게 하고, 공통의 관심을 일으키는 일에 초점을 맞추라.
- 간증을 서로 나누라.
- 셀에 참여함으로서 얻는 유익한 점에 대하여 서로 나누라.

전환단계

- 핵심 셀 구성원들에게 해야 할 일들을 부여하라.
- 모든 셀 구성원들이 셀 모임을 평가할 수 있게 하라.
- '셀 계약'을 만들어라. 함께 문제들과 사역을 위한 계획들에 대하여 토의하라.
- 리더는 되도록 말하지 말라.
- 잠재적인 리더를 발굴하기 위해서 셀 구성원들을 평가하라.

공동체단계

- 셀 구성원들이 개인전도를 할 수 있도록 훈련시키라.
- 성경 구절을 암송하도록 권면하라.
- 조력자와 피조력자 관계를 강화하라.
- 사역하도록 이끌어 주라.

전도단계

- 셀 구성원들로 하여금 그들의 삶을 통하여 불신자들과 관계를 형성하도록 격려하라.
- 셀로 모일 때마다 '각자' 사역의 결과들에 대하여 간증하게 함으로, 셀 구성원들이 지속적으로 전도에 관심을 가지도록 유도하라.
- 이 단계를 통해서 비로소 셀이 성장하게 된다.

성장(분가)단계

- 가능한 한 이 시간을 가장 즐거운 시간으로 만들라.
- 셀 구성원들에게 이 분리의 시간이 언제 올 것인지에 대해서 가능한 일찍 말해주라. 4단계에 이르면 예상되는 분리의 시간을 설정하고 선포함으로 해서, 셀 구성원들로 하여금, 셀이 성장하고 분리되는 것에 대하여 부정적 생각을 갖지 않게 하라.
- 이 시간을 축제의 시간으로 만들라.

셀모임의 진행 03

1. 셀 모임과 일반교회의 구역모임과의 차이점

2. 셀 모임의 진행 : 5W

3. 셀 모임에서의 리더십의 임무

1. 셀 모임과 일반적인 교회의 구역 모임과의 차이점

주 제	구역예배	셀모임
초점		
목표		
진행순서		
리더의 역활		
일정 및 시간		
말씀내용		

2. 셀 모임의 진행 : 5W

- welcome(분위기 조성): 15분, 사람에게서 사람으로
- worship(경배와 찬양): 20분, 사람에게서 하나님에게로
- words(말씀나눔): 30분, 하나님에게서 사람에게로
- witness(덕을 세움, 간증나눔): 20분, 하나님에게서 사람을 통해 다른 사람에게로
- works(사역의 시간): 30분, 하나님에게서 사람을 통해 다른 사람으로

1) Welcome: 환영의 시간(Icebreak)

• 정의

• 목적

(1) 셀 회원들의 관심을 모으기 위하여

(2) 상호간의 이해를 통한 결속

(3) 관계강화: 형식적인 관계에서 상호간에 깊은 영향을 미칠 수 있는 관계로

• 종류

(1) 전체가 섞여서 그룹을 형성하며 참여하는 방식

(2) 친숙함을 위한 것

(3) 회원 상호간의 대화의 문을 열기 위해

(4) 팀웍이나 그룹의 관계 조성

2) Worship: 경배와 찬양

• 정의: 설교 중심의 예배가 아니라 경배와 찬양 중심의 예배

• 예배의 3가지 측면

(1) 수직적 측면

(2) 수평적 측면

(3) 내적 측면

• 예배 방법: 설교 중심보다 경배와 찬양 중심

3) Words: 말씀의 시간

• 학습 환경에서 기본적으로 이 세 가지 영역을 고려해야 한다.

(1) 인식적 측면(cognitive): 인식적 학습방법은 지식의 전달이 주목적
(2) 기술 습득적 측면(psychomotor): 기술 습득적 학습방법은 기술의 습득이 주목적
(3) 감화적 측면(affective): 감화적 학습방법은 우리의 가치체계에 영향을 주는 목적

• 말씀시간의 목적

(1) 하나님께서 우리에게 주시는 말씀을 듣는다.

(2) 감화적 학습 방법을 통하여 셀 구성원들의 가치의 변화를 촉진한다.

(3) 서로 덕을 세우게 하는 사역을 한다.

• 말씀 시간 내용

(1) 지난 주 주일 예배의 설교 본문의 적용에 말씀 시간의 초점이 맞추어져야 한다.

(2) 리더는 촉진자가 되어야지 가르치는 자가 되어서는 안된다.

(3) 사역의 시간으로 연결되도록 한다.

4) Witness: 간증, 덕을 세움

• 정의

한 주간 동안 입은 은혜, 기도응답을 서로 나누며 감사한다.
전도하면서 진행되어지는 과정을 함께 나눈다.

• 목적

삶 속에서 역사하신 하나님께 영광을 돌리며 서로에게 위로와 격려를 준다.

5) Works: 사역, 중보기도와 전도

• 사역 시간의 목적

(1) 셀 모임은 항상 셀 밖의 사람들에게로 관심을 향함으로 마치게 한다.

(2) 모든 셀 구성원들이 자기의 사역에 대하여 책임을 지도록 한다.

• 사역 시간의 구성요소

(1) 나눔

(2) 전도 계획

* 각자의 오이코스 안의 불신자를 찾아낸다.
* 불신자와 접촉 및 관계 형성을 위한 단계별 전략을 셀 구성원들과 나눈다.
* 다양한 영적수준의 사람들을 위한 활동계획을 수립한다.
* 불신자들의 영혼구원을 위해서 기도한다.
* 효과적 전도를 위해 셀 구성원들을 훈련한다. - 개인 간증 요령, 전도폭발훈련 등

⑶ 중보기도

* 나라와 민족을 위한 기도

* 교회와 목회자를 위한 기도

* 교회의 사역을 위한 기도

* 셀 리더와 회원의 기도 제목

* 전도대상자를 위한 기도

3. 셀 모임에서의 리더들의 임무

가. 셀리더

1) 셀 회원, 모든 전도대상자, 새 신자 카드로 소개된 모두를 가정심방/ 전화심방 한다.
2) 장소 제공자와 의논하여 편안한 셀 모임이 될 수 있도록 한다.
3) 매주 셀 모임이 있기 전에 예비리더와 장소 제공자와 함께 준비하며 기도한다.
4) 매월 예비리더의 훈련 진전사항을 코치나 목사에게 보고한다.
5) 대화식 기도를 셀 리더 본인이 먼저 시작한다.
6) 셀 모임을 인도한다.
7) 셀 모임 보고서를 작성하여 코치나 교역자에게 보고한다.

나. 예비리더

1) 셀 회원, 모든 전도대상자, 새 신자 카드로 소개된 모두를 가정심방 / 전화심방 한다.
2) 광고하는 책임을 한다.
3) 모임순서를 미리 작성 한다.
4) 어린이 담당을 미리 확인해 둔다.
5) 셀 리더의 부탁이 있을 때 가끔 셀 모임을 인도한다.
6) 사역자 훈련에 셀 리더와 함께 참석한다.

다. 장소제공자

1) 따뜻한 미소로 집에 오는 모든 손님을 친절히 영접한다.
2) 집안을 편안하게 준비한다. (또는 식당이나 사업장)
3) 셀모임을 위한 간단한 다과나 차를 준비한다.
4) 셀 리더와 자리를 정돈한다.
5) 혹 잊고 안 가지고 온 사람을 위해 성경과 펜을 여유있게 준비한다.
6) 문 입구에서 손님을 맞이하고 안내한다.
7) 마지막 손님이 떠날 때까지 장내를 사랑의 분위기로 이끈다.

셀 교회의 목회 04

1. 셀로 목회되어지는 교회는?
2. 셀 목회의 전제조건
3. 셀 리더의 선정과정
4. 셀 리더의 자격

1. 셀로 목회되어지는 교회

DEFINITION

셀 교회란 구원을 받았거나, 구원받기를 원하는 사람들의 소그룹을 하나의 작은 교회로 인정하고 소그룹의 평신도 지도자가 리더가 되어 교회에서의 모든 사역을 소그룹 모임 안에서 이루어 나가는 교회이다. 목회자의 주된 임무는 기도하는 것과 평신도 지도자들을 양성하는 일과 주일 낮의 축제 예배를 통하여 영적인 은혜를 충만하게 채워주는 것이다. 즉 교회는 하나의 신병훈련소의 역할을 하고, 성도들의 신앙생활은 삶의 현장에서 말씀대로 살도록 권면하는 것이다.

2) 전통교회와의 차이점

전통교회	셀 교회
프로그램 중심	관계 중심
건물 중심	공동체 중심
"오라" 구조	"가라" 구조
교육에 기초한 교회구조	사역에 기초
교회 건물 내에서의 시간 활용	교회 건물 밖 삶의 현장에서
서양문화적 배경	성경적 배경

2. 셀 교회의 전제 조건 - 패러다임 전환

패러다임의 변화

3. 셀 리더의 선정과정

1) 셀 리더의 선정의 중요성

셀 리더는 셀 교회의 핵심이다. 셀 리더는 각 셀의 리더이기 때문에 셀 리더에 따라 셀이 죽기도 하고 살기도 하며 배가되기도 침체되기도 한다. 셀 리더를 선정하는 일은 셀 교회에 있어서 가장 중요한 일 중의 하나이다.

2) 셀 리더 선정의 방법과 과정

(1) 모든 회원들에 대한 관찰 단계

- 지난 6개월 동안의 정규적인 셀 모임에의 참석
- 주님과의 지속적인 교제의 시간 보내기, 관계의 성장
- 투명한 나눔이나 또는 피상적인 나눔
- 셀 그룹의 소속감/ 주인의식
- 잃어버린 자에 대한 관심과 복음을 나누는 일
- 이웃을 그리스도에게, 셀 모임에 인도하는 일

(2) 후원자로서의 노출/ 훈련단계(신속하고 효과적인 요소의 표현)

- 피후원자를 격려함 - 지속적인 만남과 친밀감을 통한 격려
- 주님과 함께 하는 시간을 지속하고(훈련과정을 마침) 피후원자가 주님과의 관계가 성장하도록 격려함
- 불신자인 친구들과 이웃을 위하여 기도하고 다가가기 시작함
- 셀 프로그램의 여러 부분에 동참함: 환영, 예배 등
  (신실함, 유용성, 순종, 가르칠 수 있음, 효율성)

(3) 도전 단계

- 전체적인 후원 경험에서 어떻게 운영하였는지와 주님이 그의 생활에서 하신 일이 무 엇인가를 발견하고, 관찰에 대한 피드백을 준다(정기적으로).
- 도전을 주고, 헌신을 요청한다.
- 그가 생각하고 기도할 시간을 준다.
- 결단을 하고, 여러 분야에서 사역한다.

4. 셀 리더의 자격 - 선정기준

가. 이드로의 법칙(출애굽기 18장21절)

- 영적 지도자 선출을 위한 성경적 기준

1) "하나님을 두려워 하며" : 영성
2) "진실무망하며" : 관계성
3) "불의한 이를 미워하는 자" : 윤리성
5) "재덕이 겸허한 자" : 능력

나. 셀 리더에게 기대되는 5가지 사항

1) 열정
2) 확신있는 신앙관
3) 전인격적인 헌신
4) 성령 충만한 생활
5) 시간과 물질의 활용

다. 셀 배가에 미치는 셀리더의 배경

영향을 미치지 않는 부분	영향을 미치는 부분

셀 교회란 무엇인가? 05

1. 셀 교회란?
2. 셀 교회와 셀이 있는 교회 비교
3. 셀 교회의 폭발적 성장과정
4. 셀 교회 조직의 특성
5. 셀 조직 모델

1. 셀 교회란?

셀 교회란 셀을 기반으로 하여 회중으로 모인 교회를 말한다. 작은 셀들 하나 하나를 하나의 작은 교회로 인정하여 평신도 사역자가 셀의 리더로서 성도를 돌보게 한다.

2. 셀 교회와 셀이 있는 교회 비교

셀 교회	셀이 이 있는 교회
- 셀 그룹: 핵심 - 셀 그룹: 필수적 - 핵심 지도자들: 셀 그룹 리더 - 통합적인 지도 - 목회적 돌봄: 셀 그룹 리더 - 분산적 - 셀 그룹 리더를 통한 사역 - 적은 유급 직원 - 더 많은 기회 - 목회자/ 평신도의 차별을 없앰 - 지도자를 발견하기가 쉬움 - 일반적으로 복음전파에 초점을 맞춤 - 셀 그룹 안에서의 훈련 - 일반적으로 셀 그룹은 비슷함	- 셀 그룹: 프로그램 중의 하나 - 셀 그룹: 선택적, 도움 - 핵심 지도자들: 목회자 - 주제별 지도 - 목회적 돌봄: 목회자 - 집중적 - 셀 그룹 리더 밖의 사역 - 많은 유급 직원 - 더 적은 기회 - 목회자/ 평신도의 차별을 강조 - 지도자를 발견하기가 어려움 - 일반적으로 양육에 초점을 맞춤 - 셀 그룹 밖에서의 훈련 - 일반적으로 셀 그룹은 다양함

3. 셀 교회의 폭발적 성장의 과정

※ J곡선 이론: 예수님의 경우, 지수함수

J 곡선 이론

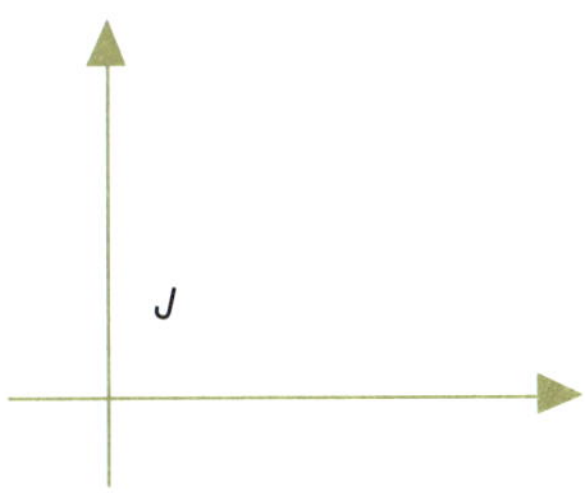

지수함수의 특징

2 N

N = 0,1,2,3,4, 5, 6 ························

1,2,4,8,16,32,64,128,256,512,1024,2084,4096,8192

예수님의 연속제

1-3-12-70-120-3000-5000 ························

4. 셀 교회 조직의 특성

- 단순성

- 분명한 목표

- 셀 후원 체계

- 리더십 체계

5. 셀 교회 조직 모델

- 이드로 모델

- G-12 모델

06 셀 교회의 핵심 부분

✚ 셀 교회의 핵심부분과 요소들을 갖추면 성공적인 셀 교회가 될 것이다.

1. 셀 교회의 비전

비전이 불확실할 때 언제나 값 비싼 대가를 치러야 한다.

2. 리더십의 구조- 교회 조직

전 회중을 위한 관리리더 (manegement leader)

- 6~25셀에 대한 리더 (congregational leader)

- 3~5셀에 대한 리더 (coordinating leader)

- 5~15 성도에 대한 리더 (cell leader)

Cell Life- 셀 안에서의 dynamic을 체험

- 주님의 임재를 인정

- 주님의 전능하심을 체험

- 주님 나라의 목표(Kingdom Purpose)를 성취

3. Equipping Track- 훈련 과정

- 각 지체는 cell life를 통해 온전케 됨 (엡4:12)

- 성경지식과 기술

- 크리스찬 가치체계

- 복음 전파 도구(전도도구)

- 영적전투를 위한 전신갑주

- 기도 셀 지원 시스템

Evangelism Outreach

- Oikos 명단

- 중보기도를 통한 복음 전파

- 목적 기술서: "예수님이 이 세상의 상처입고 아픔을 겪는 사람들을 만지시기 위하여 나를 통해 하시기 원하시는 일은 무엇인가?" 가장 접근하기 어려운 대상까지 잃어버린 자들을 찾아감. (Contact groups to hardcore lost)

예배(Celebration Worship)

- Cell 예배: 소그룹 예배

- Community 예배: 지역 별 예배

- Church 예배: 모든 셀이 함께 모이는 예배

기도가 근간이 됨.(Prayer base)

- 영성

- 성령충만

07 훈련과정의 기본 패러다임

1. 훈련의 기관
2. 수련회를 실시해야 하는 이유

셀 교회에 있어서 훈련과정은 필수적이다. 이 훈련 과정(Equipping Track)은 하루 아침에 금방 만들어지는 것이 아니고, 각 교회에 적합한 훈련 과정을 확정 짓기까지는 길게는 2-3년이 소요된다. 훈련은 교재가 중요한 것이 아니라, 훈련과정의 기본 개념과 Paradigm을 분명히 이해하는 것이 필요하다. 대부분의 교회가 야구장 프로그램을 사용하고 있다. 교재는 물론 다르고 그 접근 방법도 다르지만, 기본 개념은 같다.

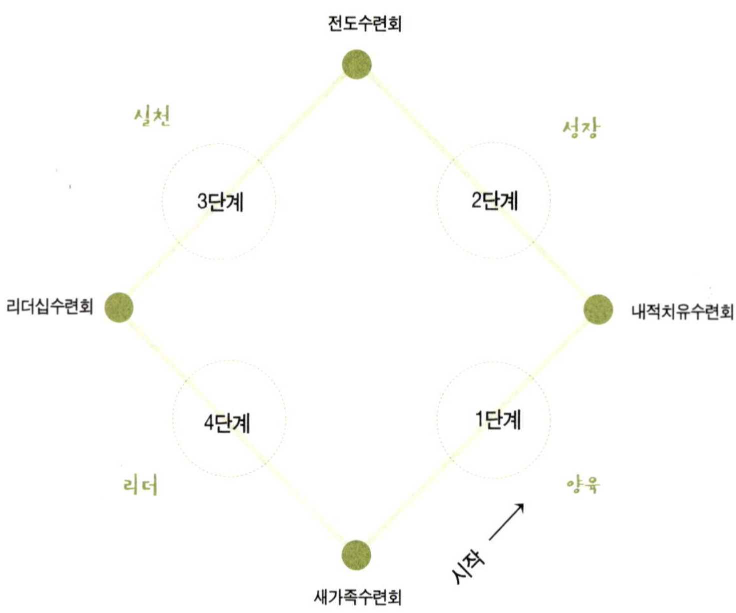

1. 훈련의 기간

각 단계의 훈련기간은 13주를 넘지 않는 것이 좋다. 이는 개인이 지속적으로 집중할 수 있는 최대한의 기간이기 때문이고, 학교들도 대부분 13주간의 강의로 한

학기를 마무리 한다. 또한 각 루의 수련회의 기간은 대개 1박2일에서 2박3일로 이루어져 있다. 그러나 실제적으로 새 신자가 집을 떠나서 1박을 하기는 쉽지 않다. 이러한 문제를 해결하기 위해서 수련회 과정을 교회에서 토요일, 주일에 걸쳐서 실시할 수도 있다.

2. 수련회를 실시하여야 하는 이유

수련회는 집중과정이다. 일주일에 한번 모여서 훈련받는 것보다 시간상으로도 많은 시간을 투자할 수 있고, 같이 숙식을 함으로 얻게 되는 깊은 교제와 사귐이 있다. 또한 장소를 이동하여 기도원 등으로 가는 것은 아주 새로운 분위기와 마음의 준비를 할 수 있기에 훈련의 효과도 크다.

단계	1단계	2단계	3단계	4단계
훈련초점	구원의 확신	영적 성숙	영적훈련-지도력	사역훈련
훈련내용	구원, 죄, 하나님 예수, 교회 새생명, 세례 복음전파 교회소개	성령,내적치유 견고한 진의 파악 인생의 목표 성경읽기 기도훈련 경배와 찬양 경청의 방	기독교 리더십 교회의 비전 셀 그룹의 원리 자아발견 영적훈련 종말론 전도	셀 모임 인도법 목양상담 성령세례 은사 복음전파의 실제 훈련과정 중보기도
기간	4-6주	8-13주	8-13주	8-13주

베이스	1루	2루	3루	홈
훈련초점	새가족 수련회	내적치유 수련회	전도, 후원자 수련회	셀 리더십 수련회
훈련내용	구원의 확신 재확인 교회소개 목회자소개	견고한 진의 파악 내적치유 영적 전쟁	전도방법 후원자가 되는법	셀 리더 훈련
기간	1박2일 -2박3일	1박2일 -2박3일	1박2일 -2박3일	1박2일 -2박3일

선교 현장에서의 셀 목회 접목

08

1. 전제 조건
2. 선교사의 준비
3. 실행

1. 전제 조건

1) 분명한 비전(vision)

2) 영적 도해(spiritual mapping)

3) 전체 그림에 대한 숙지

4) 최소한 3-5년의 추진력

2. 선교사의 준비

1) 훈련과정에 대한 이해 및 모든 과정 직접 체험

2) 장기간 훈련에 대한 대비

3) 훈련 과정에 따른 교재 준비

4) 선교사 가정의 준비

3. 실행

1) 패러다임 전환

2) 핵심 멤버 선정

3) 원형 셀의 시작

4) 훈련 과정의 시작

5) 셀 리더의 훈련

6) 셀의 확산

하나님이 디자인하신
교회로 가기

발 행 : 국제선교위원회
Mission Interantional Commuittee
발행인 : 폴 조
편집인 : 김 경애
주 소 : 350 S. 333rd St. Ste 201
Federal Way, WA 98003
전 화 : 253-838-3452
팩 스 : 235-838-3471
이메일 : centermic@yahoo.com

총 판 : 엘맨출판사
전 화 : 02-323-4060
팩 스 : 02-323-6416

값 : 3,000원